Mi libro de
Tarjetas

Tarjetas

Amaya Giraldo, María del Pilar, 1954-
Tarjetas / María del Pilar Amaya ; fotografías Mauricio Osorio. --
Bogotá : Panamericana Editorial, 2005.
        40 p. : il., fot. ; 27 cm. -- (Todo niño es un artista)
        ISBN 958-30-1774-4
        1. Trabajos en papel 2. Arte -- Enseñanza elemental 3. Actividades
creativas y trabajo de clase 4. Trabajos manuales (Educación) I. Osorio,
Mauricio, fot. II. Tít. III. Serie
        372.5 cd 19 ed.
        AJE6415

        CEP-Banco de la República-Biblioteca Luis Ángel Arango

Editor
Panamericana Editorial Ltda.

Edición
Mónica Montes Ferrando

Textos y elaboración de ejercicios
María del Pilar Amaya Giraldo

Fotografías
Mauricio Osorio

Diseño de colección y diagramación
Martha Isabel Gómez

Primera edición, octubre de 2005

©Panamericana Editorial Ltda.
Calle 12 No. 34-20. Tel.: (57 1) 360 3077 - 277 0100, Fax: (57 1) 237 3805
Correo electrónico: panaedit@panamericanaeditorial.com
www.panamericanaeditorial.com
Bogotá D.C., Colombia

ISBN 958-30-1774-4

Impreso por Panamericana Formas e Impresos S. A.
Calle 65 No. 95-28. Tels.: 4302110 – 4300355. Fax: (57 1) 2763008
Quien sólo actúa como impresor.

Impreso en Colombia   Printed in Colombia

Todo niño es un artista

Tarjetas

María del Pilar Amaya Giraldo

PANAMERICANA
EDITORIAL

Contenido

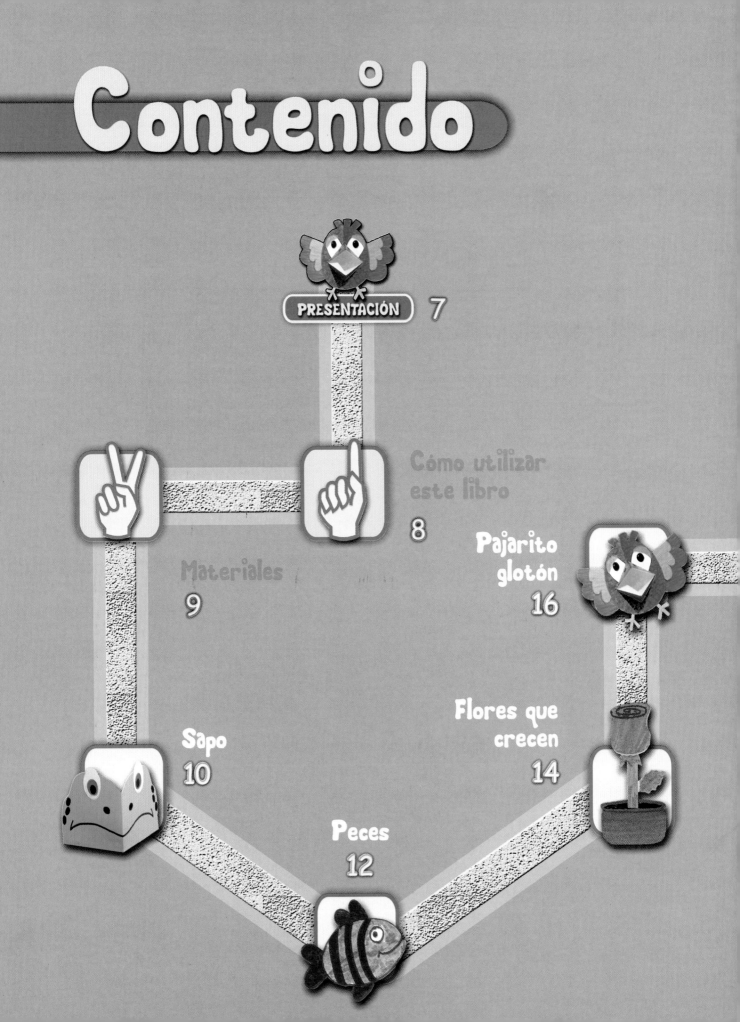

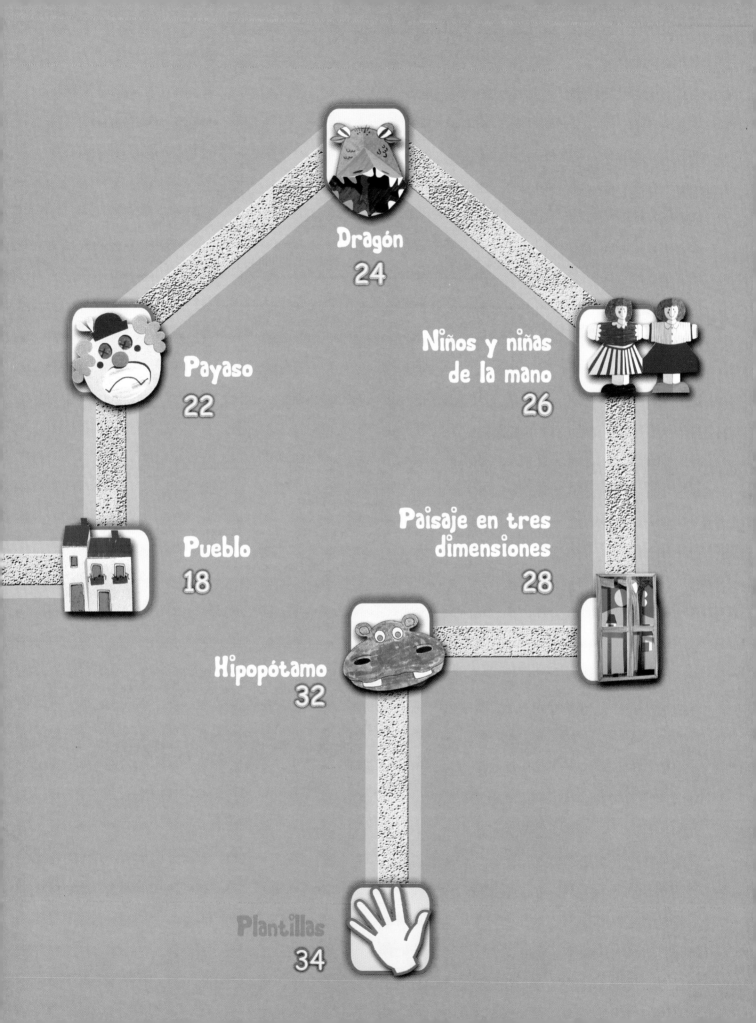

¡Hola amiguitos!

Te invito a explorar el mágico mundo de las Tarjetas, en donde conocerás nuevas técnicas y una variedad de manualidades que te ayudarán a descubrir el gran artista que puedes llegar a ser.

Recuerda, en tu interior tienes un tesoro que está esperando que lo descubras y lo utilices para comunicarte con tus amigos y familiares.

Es el tesoro de la imaginación y de la creatividad que puedes expresar combinando colores, formas y texturas con los que aprenderás a gozar el arte.

¡Disfrútalo!

Cómo utilizar este libro

Título de la actividad.

Este icono te indicará que debes utilizar una plantilla, la cual encontrarás en la página indicada.

Pon atención a este pajarito: él te dará consejos para facilitar el manejo de los materiales.

Pajarito
glotón

P. 36

Una vez hayas seguido las instrucciones del diagrama que encontrarás en la página 36, pon la cartulina abierta y dibuja un pájaro sobre el pico.

1

Colorea con marcadores el dibujo.

2

Abre el pico con los dedos y pega tu cartulina sobre otra de color en la que habrás dibujado un gusano en el centro.

3

CONSEJO

No olvides que para que el pájaro abra bien el pico, debes repasar bien los dobleces y ayúdalo con tu dedo a salir.

¡HOLA!

16

En el contenido encontrarás la referencia del título de la actividad con un número de página.

Aquí encontrarás las actividades: una foto y un texto que te ayudarán a desarrollarla.

Al final podrás visualizar el trabajo completo.

Materiales

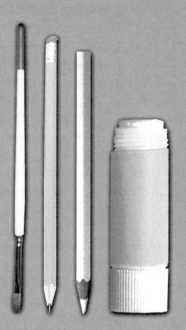

- Cartulina blanca y/o de colores
- Papel mantequilla o calcante
- Lápiz de color blanco
- Pegante en barra
- Lápiz negro
- Tinta china
- Escuadra
- Acuarelas
- Témperas
- Tijera
- Pincel
- Bisturí

Sapo

P. 34

1

Dobla por el centro un rectángulo de 24 x 12 cm de cartulina verde. Calca de la plantilla la silueta del sapo. Pon la línea punteada sobre el doblez.

Abre la cartulina y calca el otro lado de la figura, no olvides seguir la línea punteada. Recorta la silueta.

Dibuja con marcador negro la boca, nariz y manchas de los extremos de la cara.

2

3

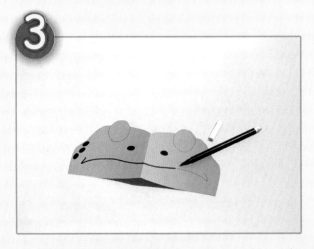

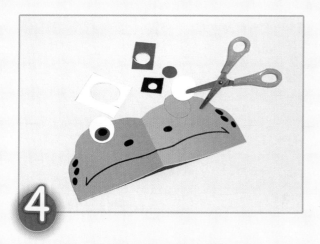

4

Para los ojos recorta dos óvalos blancos, dos círculos azules y dos negros. Fíjate que cada óvalo es de un tamaño diferente: El blanco es grande, el azul es mediano y el negro es pequeño. Pégalos según su tamaño: del más grande al pequeño.

Si quieres una manera más original de calcar, pasa el dibujo de tu plantilla sobre un papel mantequilla. Ponlo con una cinta adhesiva debajo de la cartulina y pégalo sobre una ventana. Verás cómo la luz al pasar te permite ver tu dibujo y lo podrás calcar fácilmente sin tener que rayar por detrás el papel. El papel mantequilla se llama también papel vegetal, papel pergamino o papel para calcar.

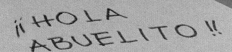

¡¡HOLA ABUELITO!!   ¡¡FELIZ DÍA!!

Peces

P. 34

1

En un cuadrado de cartulina blanca de 18 x18 cm, dibuja una línea guía con lápiz por el centro. No dobles la cartulina.

2

Dibuja con marcadores algunos peces que puedes calcar (ver página 11) de la plantilla. Pon algunos detalles por encima de la línea guía que trazaste.

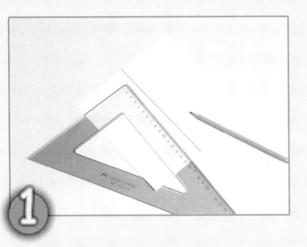

3

Dibuja con azules de diferentes matices líneas onduladas que serán el agua.

CONSEJO

Puedes hacer varias tarjetas con el nombre de tus amigos, y utilizarlas para marcar los pupitres en el colegio. Anímate a crear otros motivos.

4

5

Pide AYUDA A UN ADULTO para cortar con bisturí la silueta del pez que sobresale de la línea guía.

Dobla tu tarjeta y pega un trocito de cartulina de color con tu nombre.

TOMÁS

Flores
que crecen

P. 35

1

Dobla un octavo de cartulina blanca por el centro y de nuevo una de las mitades por el medio.

2

Calca (ver página 11) de la plantilla el dibujo de las materas con flores y pásalas sobre tu cartulina doblada. La línea punteada debe quedar en el doblez.

3

Abre la tarjeta y une los tallos trazando las líneas rectas con una regla.

CONSEJO

¡Con esta tarjeta puedes sorprender a alguien a quien le guste ver crecer flores!

4

Colorea con diferentes marcadores de colores. Para variar este modelo puedes utilizar otro color de cartulina y así se verá más llamativa. O si lo prefieres, puedes poner punticos de colores sobre el fondo para terminar de decorar tu tarjeta.

TE QUIERO MUCHO...

Pajarito
glotón

P. 36

1

Una vez hayas seguido las instrucciones del diagrama que encontrarás en la página 36, pon la cartulina abierta y dibuja un pájaro sobre el pico.

2

Colorea con marcadores el dibujo.

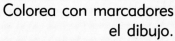

3

Abre el pico con los dedos y pega tu cartulina sobre otra de color en la que habrás dibujado un gusano en el centro.

No olvides que para que el pájaro abra bien el pico, debes repasar bien los dobleces y ayúdalo con tu dedo a salir.

Pueblo

1

Dobla por el medio una cartulina blanca de 20 x 20 cm y pégale un rectángulo de cartulina verde de 10 x 20 cm en un lado. Dibuja el sol y las nubes en la parte blanca que será el cielo.

2

En una cartulina blanca de 10 x 16 cm traza una línea de un centímetro de ancho a partir de la base. Sobre ésta dibuja fachadas de casas de 2, 3 ó 4 cm de alto.

3

Dibuja los techos sobre las fachadas de las casas del mismo largo (3 cm) y deja otra pestaña de un centímetro.

CONSEJO

Pega uno por uno los techos y cada vez dobla la tarjeta para rectificar que el pliegue esté correcto.

4 Recorta las casas, pero dejando la base unida. Dobla los techos y las pestañas.

5 Pega la pestaña de la base de las casas a 2,5 cm del doblez de la cartulina que habías doblado en el primer paso.

2,5 cm

6

Ahora pega cada pestaña del techo en el cielo manteniendo un ángulo recto de la cartulina y de los techos. La pestaña la debes pegar hacia adentro.

7

Dibuja sobre el cielo y encima de los techos, las chimeneas y el humo saliendo de ellas.
¿Qué tal un lindo mensaje desde tu casa?

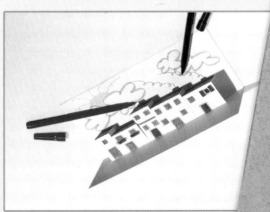

HERMANIT

TE

¿

A :

XTRAÑO   MUCHO.

UÁNDO   REGRESAS ?

JUAN

Payaso

P. 37

1 Calca (ver página 11) la cara del payaso de la plantilla y pasa las piezas a diferentes cartulinas de colores. Dibuja también los ojos y la boca en el centro de una cartulina de color más grande.

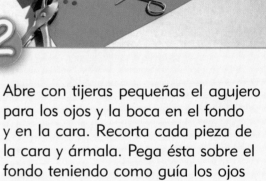

2 Abre con tijeras pequeñas el agujero para los ojos y la boca en el fondo y en la cara. Recorta cada pieza de la cara y ármala. Pega ésta sobre el fondo teniendo como guía los ojos y la boca del payaso.

¡Diviértete dejando que el payaso haga diferentes caras deslizando la cartulina! Puedes hacer más tarjetas cambiando el payaso por la cabeza de un animal.

③ Calca las diferentes expresiones de la plantilla sobre una cartulina larga (9 cm de ancho) y aplícales color.

④ Coloca detrás de la cartulina grande la cara del payaso, las expresiones, y dobla la cartulina hacia atrás dejando que las expresiones puedan deslizarse, pero no se te olvide voltear esta hoja para verlas.

Dragón

P. 38

1

En papel para calcar (ver página 11), traza la plantilla del dragón. Pásala a una cartulina blanca tamaño 21 x 28 cm.

2

Recorta la parte superior e inferior de ésta, que es donde van los dientes. Coloréala con marcadores, teniendo en cuenta que la boca y la lengua debes hacerlas por el revés.

3

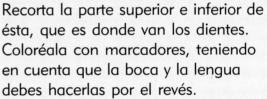

Dobla tu tarjeta por las líneas punteadas. Primero a lo largo, luego ábrela y hazlo hacia lo ancho. La nariz debes doblarla para un lado y para el otro, para luego abrirla.

4

Voltea los dientes hacia adentro de la boca. ¡Abre y cierra tu tarjeta para que el dragón asuste!

CONSEJO

Para que el dragón resalte, bordea la silueta con marcador negro.

¡QUE SUSTO...!

Niñas
y niños de la mano

P. 39

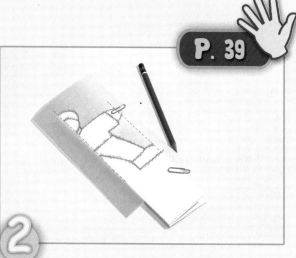

1

Pliega un octavo de cartulina en seis partes iguales. Puedes tomar otro octavo de cartulina y hacer lo mismo.

2

Calca o copia de la plantilla la silueta del niño teniendo en cuenta que las líneas punteadas coincidan en los dobleces.

3

Recorta la silueta, con la cartulina aún plegada. Abre la tarjeta y termina de dibujar o copiar los niños.

④

CONSEJO

No olvides siempre dejar las manos y la base unidas para que al abrir la tarjeta se vean los niños juntos.

Coloréalos haciéndoles diferentes vestimentas y peinados. ¡Ojalá los niños del mundo pudieran jugar de la mano!

¡HOLA AMIGOS! LOS ESPERO EN MI FIESTA. FIESTA.

Paisaje
en tres dimensiones

1 Necesitas tres cartulinas de un octavo: una de color verde y dos de color blanca. Dóblalas por el centro.

2 En la verde pegas un cielo en azul, nubes blancas, un Sol y algunas casitas, todo hecho en recortes de cartulinas.

CONSEJO

Ten presente el tamaño de las pestañas 2 cm (árboles) y 3 cm (ventanas) para que al abrir la tarjeta se forme la perspectiva.

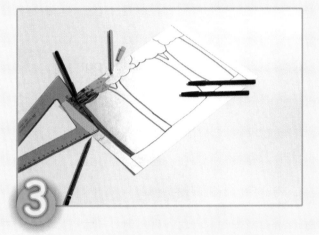

3 En una de las cartulinas blancas, haz una pestaña de 2 cm, a cada lado y dibuja unos árboles altos.

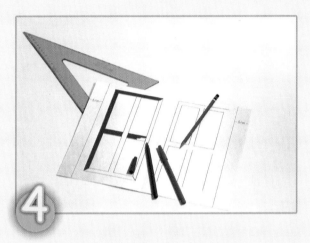

4 En la otra cartulina blanca haces una pestaña de 3 cm a cada lado y dibujas dos grandes ventanas. Aplícales color.

5 Con tijeras pequeñas recorta el espacio que quedó entre los árboles. Si es un poco difícil, PIDE AYUDA A UN ADULTO.

6

Recorta también el interior de las ventanas. Éstas deben quedar completas. Si se te rompe alguna pieza, pégala por el revés con cinta transparente.

7

Pega las pestañas de las cartulinas blancas a la verde por detrás. Primero la de 2 cm (árboles) y luego la de 3 cm (ventanas).

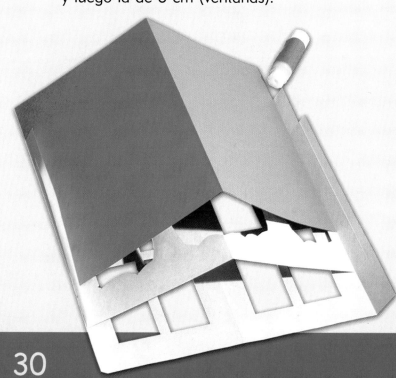

P. 40

1

Calca (ver página 11) o fotocopia la plantilla del hipopótamo y pásala a una hoja tamaño carta. Recórtala por el borde.

2

Coloréala con marcadores de colores. Delinea las siluetas con marcador negro de punta fina.

3

Pégala sobre una hoja de color llamativo y recorta los bordes que sobran.

4

Pliégala hacia adentro por las líneas punteadas. Ya tienes listo un sobre para enviar una carta o una invitación muy especial.

CONSEJO

Cuando pegues el sobre en la cartulina de color, antes de que se seque ciérralo y repasa con tu mano los dobleces para evitar arrugas.

MUCHAS Y MUCHAS PERSONAS.

TENGO MUCHAS GANAS DE VERLOS. CUÍDENSE MUCHO, UN BESO, JULIÁN.

Plantillas

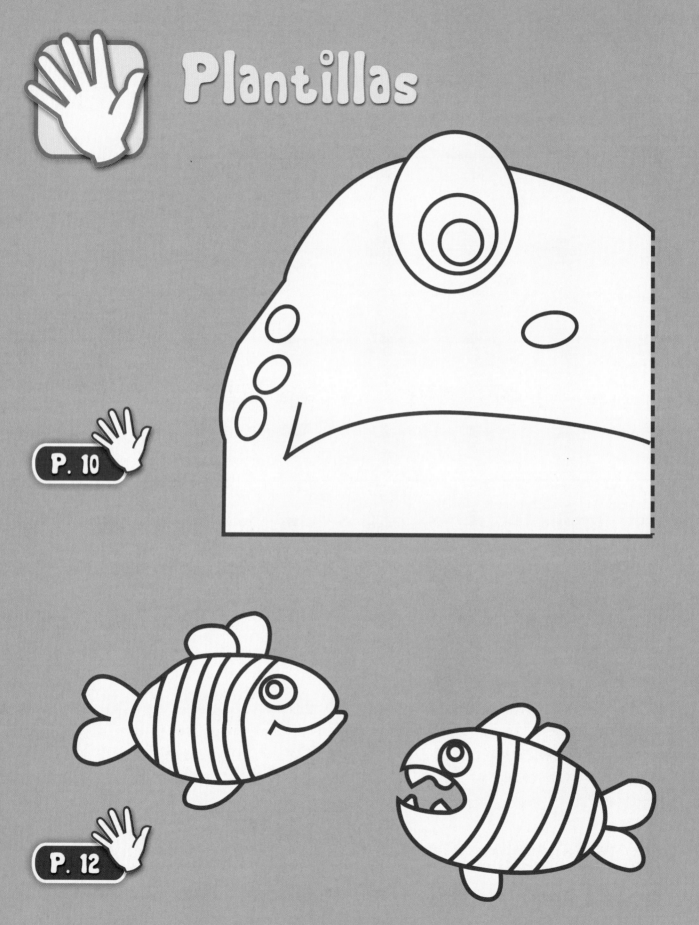

P. 10

P. 12

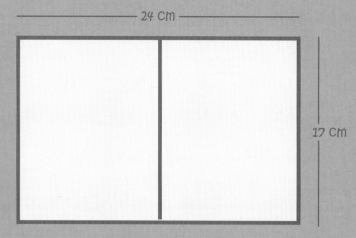

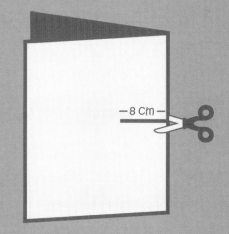

Figura 1
Dobla por el centro una cartulina de 24 x 17 cm.

Figura 2
Recorta una línea por el centro del doblez.

Figura 3
Dobla el corte hacia arriba y hacia abajo.

Figura 4
Repítelo por el otro lado.

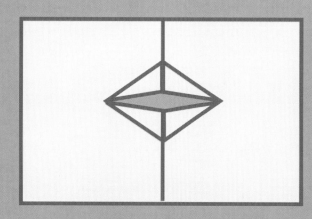

Figura 5
Desdobla la cartulina y abre el pico con tus dedos.

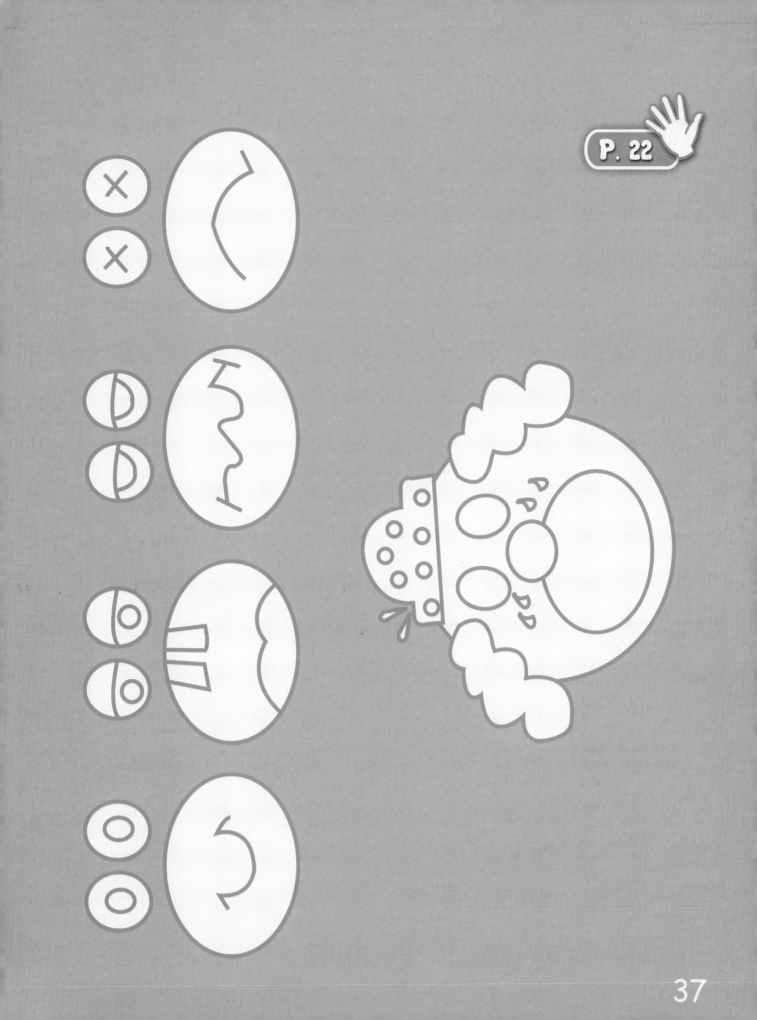

P. 22

P. 24

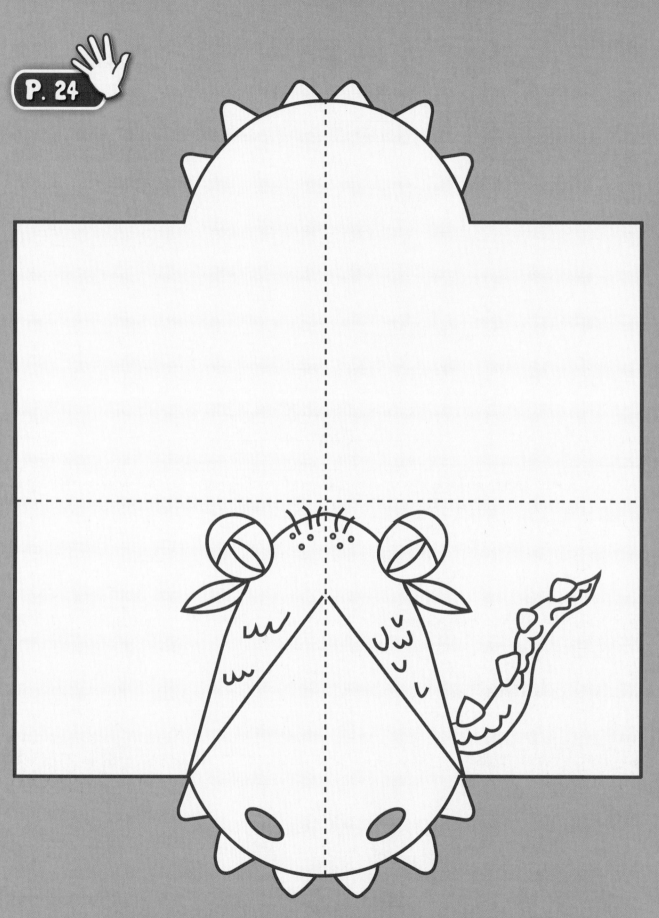

P. 26

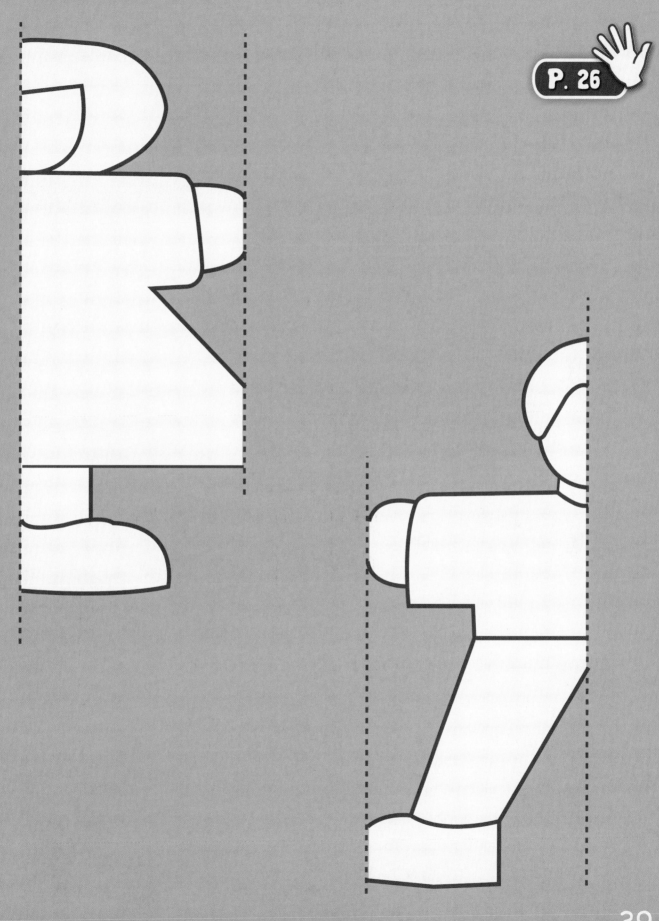

P. 32

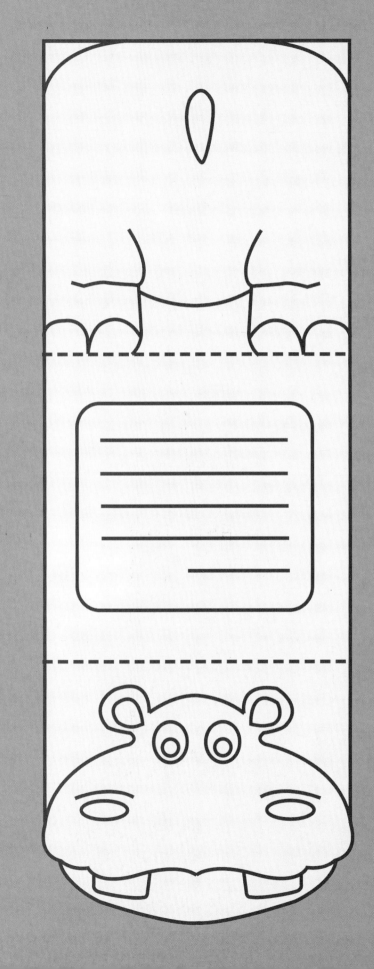

CONSEJO

Puedes rayar con lápiz toda una hoja
blanca y colocarla entre tu dibujo
(calcado antes en papel mantequilla)
y la cartulina. Luego repasas la línea
del dibujo con un bolígrafo sin tinta,
con un lápiz o con un punzón. El papel
que rayaste con lápiz te servirá para
calcar varios dibujos pues hará las
veces de papel carbón, guárdalo.
El papel mantequilla se llama también
papel vegetal, papel pergamino o
papel para calcar.